# This notebook belongs to

# Test color

1
LE BATELEUR

2 LA PAPESSE ב

3
L'IMPERATRICE

4
L'EMPEREUR
ד

5
LE PAPE
ה

L' AMOUREUX

7
LE CHARIOT

8
LA JUSTICE
ח

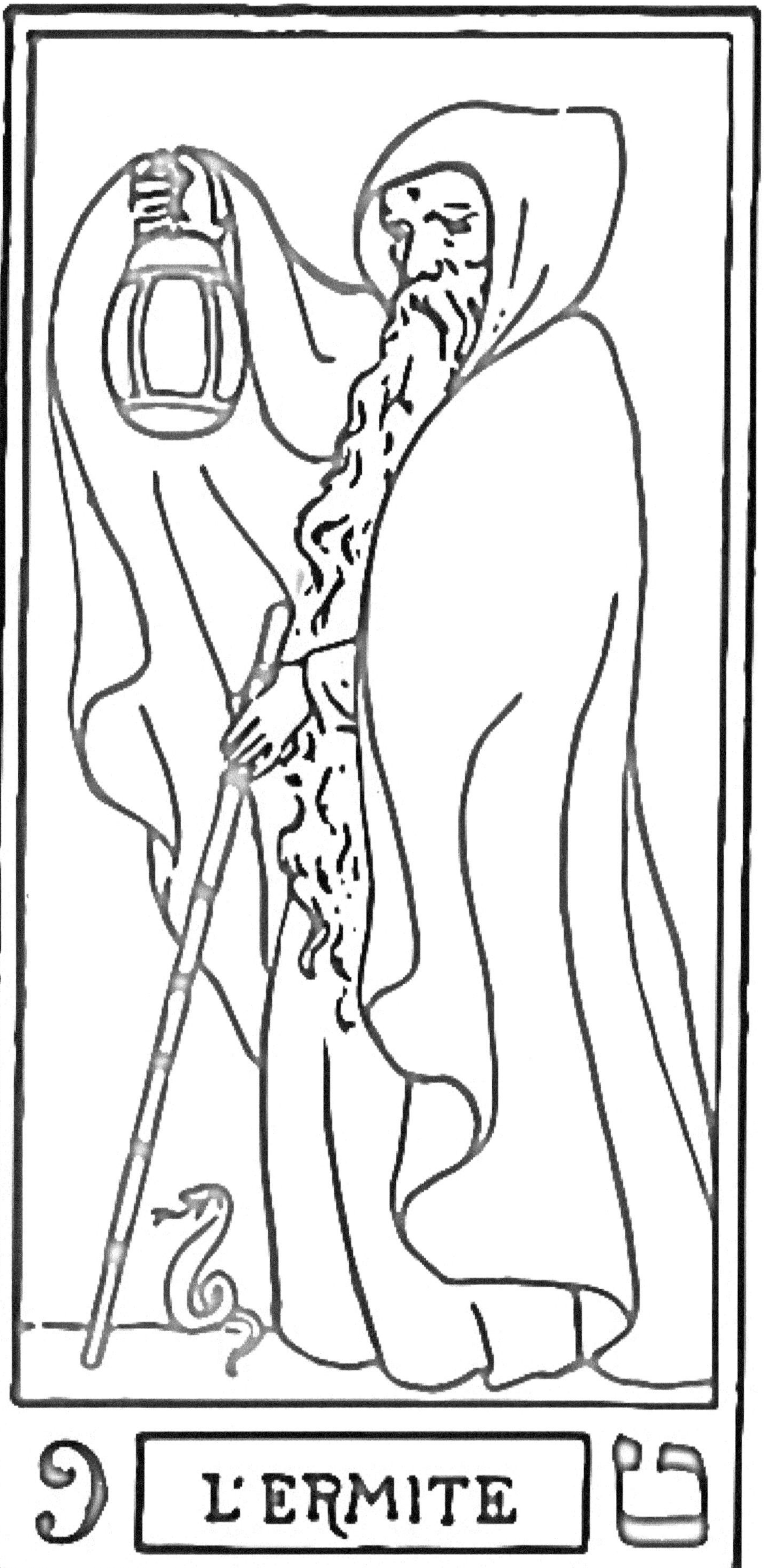
9
L'ERMITE
ט

10
LA ROUE DE FORTUNE

11
LA FORCE
כ

12
LE PENDU
ל

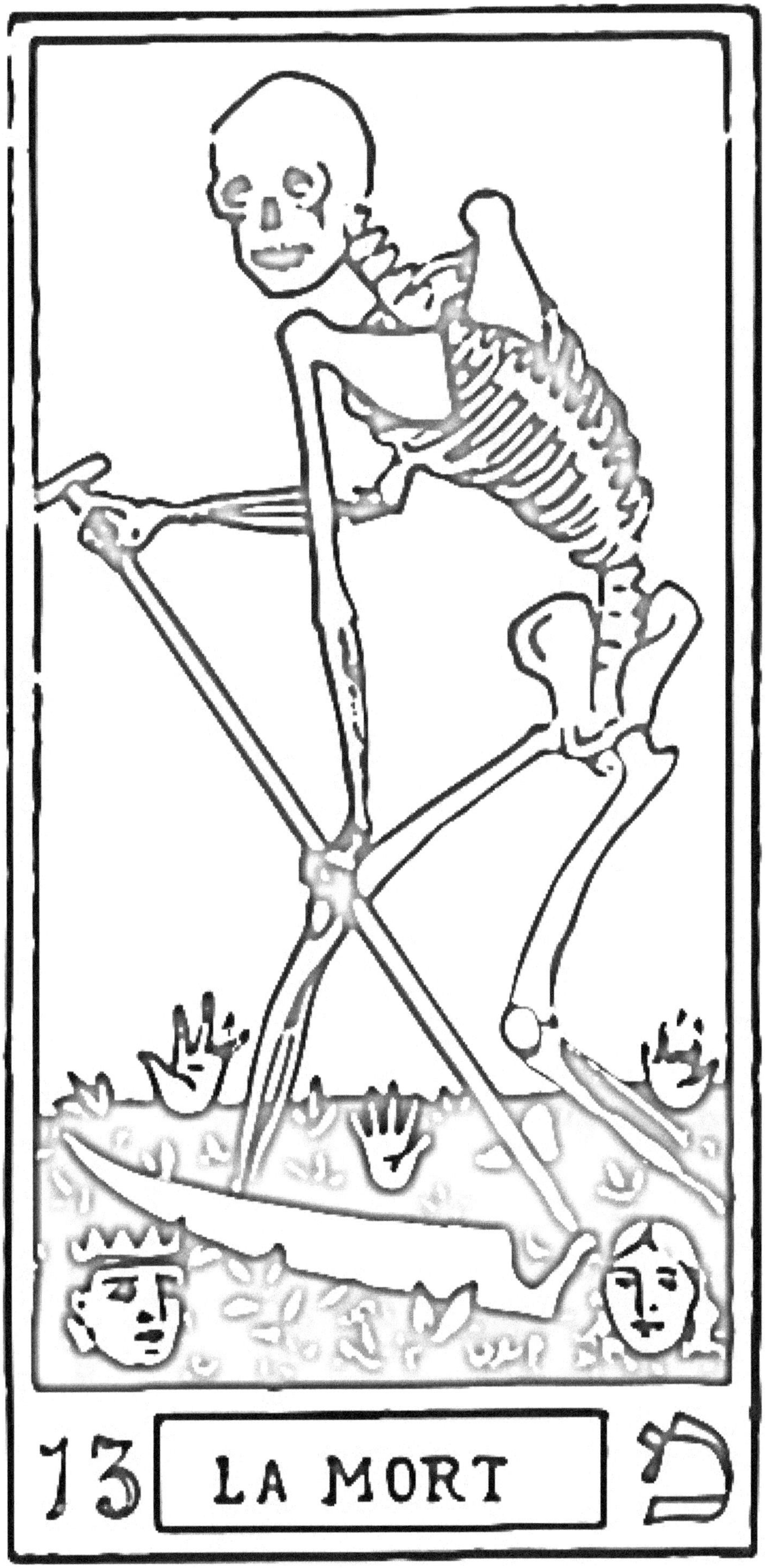
13
LA MORT

14
LA TEMPERANCE

COAGULA
SOLVE
15
LE DIABLE

16
LE FEU DU CIEL

17 LES ETOILES פ

18
LA LUNE

19
LE SOLEIL
ק

20
LE JUGEMENT
ר

21
LE MONDE
ת

LE FOU

Printed in the USA
CPSIA information can be obtained
at www.ICGtesting.com
LVHW062244041224
798365LV00044B/1597
*9798739112927*